AF498182

LE ROLE SOCIAL

DE LA

COMPTABILITÉ

ET

DES COMPTABLES

PAR

Eugène LÉAUTEY

Directeur de l'Institut Comptable de Paris
Chevalier de la Légion d'honneur. — Officier de l'Instruction publique
(Consultations. — Plans de comptabilité. — Commissariats de comptes).

Conférence faite à la Chambre syndicale des Comptables
Sous la présidence de M. Jules SIEGFRIED, Député

Produire de l'ordre, tel est le fait du travail comptable. Or,
produire de l'ordre, c'est produire de l'économie ; produire de l'économie, c'est produire du capital ; enfin,
produire du capital, c'est produire l'aliment même du
travail.

Prix : 1 franc.

TROISIÈME ÉDITION

PARIS

LIBRAIRIE COMPTABLE ET ADMINISTRATIVE

37, RUE DU FAUBOURG-POISSONNIÈRE, 37

LE ROLE SOCIAL DE LA COMPTABILITÉ

Mesdames, Messieurs,

J'ai le devoir de commencer par remercier M. Jules Siegfried de ses aimables paroles pour votre conférencier et aussi de l'honneur qu'il nous fait à tous en présidant cette petite fête corporative.

M. Jules Siegfried donne ainsi une nouvelle preuve de l'intérêt qu'il porte à la vulgarisation de l'enseignement commercial. Nous devons lui en témoigner notre gratitude. J'ai d'ailleurs la conviction que sa présence parmi nous, aujourd'hui, portera bonheur à votre jeune Chambre syndicale.

En toutes matières la première condition pour se bien comprendre est de préciser la signification des termes que l'on emploie. Ainsi Comptabilité et Tenue des livres ne sont pas une seule et même chose.

La comptabilité est la science, la tenue des livres est l'art d'appliquer les règles théoriques et pratiques de la science.

Voilà qui est précis.

De même nous devons distinguer le comptable du teneur de livres, l'un qui sait organiser les comptes, qui peut diriger une comptabilité, un personnel, le second qui sait tenir un ou plusieurs livres, sous les ordres du chef comptable.

Ces distinctions faites j'aborde mon sujet.

De l'utilité de la comptabilité.

En principe, personne ne conteste l'utilité de la comptabilité.

Il n'y a même qu'une voix à cet égard.

Ecoutez le commerçant, le fabricant, le constructeur, voire même l'agriculteur et le capitaliste :

La comptabilité ! oh, la comptabilité, mais c'est la chose indispensable ; ou en serait-on sans comptabilité ! Mais on marcherait au hasard, etc.. etc.

Eh bien, dans ces banalités courantes, il ne faut voir qu'un vague hommage rendu à une vérité évidente.

Au fond, la comptabilité, c'est la chose dont on parle, à des exceptions près, comme les aveugles des couleurs, et dont on se soucie le moins du monde.

La comptabilité, il faut bien le dire, est la chose obsédante entre toutes. C'est l'obligation, imposée par la loi, de raconter ses affaires, toutes ses affaires, sur des livres. C'est, ensuite, une aggravation de frais généraux, en effet cela réclame des registres, et il faut prendre un comptable, des teneurs de livres, qui sont dans le secret de toutes vos opérations, alors qu'on en voudrait bien au moins cacher quelques-unes, ainsi que les résultats obtenus.

Messieurs, reconnaissons-le, ce sont là des griefs ; car il faut une certaine dose de philosophie pour mettre ainsi des tiers au courant de ses affaires ; sans compter que ces employés peuvent aller les raconter à autrui, vous faire du tort, etc. La comptabilité est donc, au fond, la bête noire du commerçant, et si la loi n'était pas là pour lui imposer le livre-journal, un inventaire et un bilan annuels, il est à croire qu'il ferait ce que fait l'agriculteur : il ne tiendrait pas de comptabilité et se bornerait aux comptes de ses clients et de ses fournisseurs, les seuls qui lui paraissent indispensables.

Dans le public, on fait d'autres reproches à la comptabilité, et ceux-ci sont plus graves.

On prétend qu'elle est l'art de faire des comptes troubles aboutissant à des bilans faux. On lui reproche ses erreurs, inconscientes ou voulues, ses écritures mensongères, faisant, à volonté, apparaître des bénéfices ou des pertes, restreignant, à volonté, le partage des dividendes, ou permettant ces distributions de dividendes fictifs qui ont causé la ruine de tant d'entreprises, ou masquant ces tripotages malhonnêtes qui ont jeté la misère dans tant de familles.

Ces reproches sont malheureusement fondés. Hélas ! la pratique comptable actuelle en est là, honteusement déconsidérée dans l'esprit des honnêtes gens, je pourrais dire dans l'esprit du public en général, las d'être trompé, las de ne *pas avoir son compte*. On a fait il y a plus de cent ans, la réforme des poids, monnaies et mesures, qui a mis fin à tant de vols, à tant d'abus. Que ne fait-on aujourd'hui une loi (que je réclame sur tous les tons), pour empêcher le vol par les comptes et par les bilans. L'unification des bilans est le corolaire de l'unification des poids et mesures.

Quoi qu'il en soit de cette loi à faire(1), et dont il faudra s'occuper finalement, je puis vous dire, Messieurs, que la comptabilité qu'on se propose d'enseigner ici est toute différente de celle dont je viens de parler, pour la flétrir. On vous enseignera la science précise, honnête, dont les comptes et les bilans sont justes.

Parlons un peu de cette néo-comptabilité, sortie des abus et des désordres sans nombre que l'autre a perpétrés pendant des siècles et des siècles.

Ceci m'amène à la définition de la comptabilité de précision, celle qui sait faire à *chacun son compte*, et son compte juste. Mais avant de vous donner cette définition d'une science pour ainsi dire récente, je vous dois quelques mots d'histoire :

*
* *

On croit généralement que la comptabilité est une éclosion moderne datant tout au plus des Lombards et des Vénitiens. La comptabilité est plus ancienne que cela, elle est pour ainsi dire aussi ancienne que le monde. Ce n'est pas, comme on serait tenté de le croire, une production de civilisation.

(1) Voir ma brochure l'*Unification des bilans* (solution de la question).

mais bien une manifestation du besoin inné d'ordre qu'éprouve l'homme de toutes les époques.

La comptabilité — qu'on ne nous taxe pas d'exagération — a été comtemporaine des temps primitifs de l'homme. On peut même avancer que sans elle la famille et les sociétés humaines ne se seraient pas formées.

Nous allons le démontrer en peu de mots : Considérons, en idée, l'homme à l'état primitif, ou de guerre perpétuelle pour la vie. Nous le voyons, poussé par le besoin, sortir du lieu où il se cache et demander à la chasse, à la pêche tout ce qui peut apaiser sa faim. Il rapporte son butin dans son antre, puis, harassé de cet effort, il se repose, jusqu'à ce qu'ayant tout consommé le besoin le pousse de nouveau à l'action. Evidemment, dans cette existence de fauve il n'éprouve pas encore le besoin de compter. Sa vie est purement bestiale. Cet état dure jusqu'au jour où l'homme s'aperçoit qu'un de ses semblables, son fils peut-être a su prendre, ou produire, certaines choses qu'il n'a pas, qu'il ne sait pas se procurer, et qu'il voudrait posséder aussi cependant.

Deux moyens s'offrent alors à lui pour s'assurer la chose qu'il convoite : Ou la prendre de force, ou l'obtenir de gré. Dans cette alternative, l'idée d'un échange vient un jour à son esprit.

Il a supputé ce qu'il veut recevoir : des animaux, des fruits, des objets quelconques ; il compte, de l'œil, ce qu'il veut offrir en échange. Et il entre en pourparlers. Il y a débat, car il offre le moins possible. Mais l'autre fait le même calcul. Enfin, l'on transige et l'on s'arrête de part et d'autre à un troc déterminé. Chacun livre et reçoit selon les conventions. Et voilà, résultant du premier échange conclu, le *premier compte* qu'a fait l'homme.

Or, par la suite, il arrive, nécessairement, qu'au lieu de livrer immédiatement la chose échangée, et qu'il n'a pas sous la main, c'est une *promesse de livrer*, qui est faite par l'une des parties. L'autre échangiste a eu confiance, il a consenti à prêter, à attendre. *Et voilà le crédit né.*

Mais le prêteur a réclamé davantage que s'il recevait de suite, faisant valoir ses raisons : — D'abord l'objet qu'il livre lui fera défaut et, d'autre part, il faut qu'il se prive durant un certain temps de la chose à recevoir. Ensuite il craint d'oublier. Il va falloir qu'il fixe ce marché dans sa mémoire, ou sur le sable, ou sur une écorce, ou ailleurs. Autant en emportera le vent, peut-être... Il est juste qu'il réclame davantage, il veut un profit. Et voilà le premier *marché à terme arrêté*, en même temps que le *premier intérêt réclamé*. Et voilà la comptabilité née du besoin d'établir le compte des premières transactions humaines et d'en garder mémoire.

Notre démonstration est faite. On le voit, dès l'aurore de son existence, l'homme éprouve le besoin d'ordre comptable : il entend n'être pas lésé, il veut *avoir son compte*. Il le voudra, il le réclamera sans cesse à travers les siècles. L'obtiendra-t-il jamais ? Ceux qui vivent du désordre sont nombreux et puissants.

*
* *

Dorénavant, d'épargne en épargne, d'échange en échange, l'homme, sorti de son état primitif, verra son existence s'améliorer, ses mœurs s'adoucir. Déjà son voisin n'est plus nécessairement un ennemi, puisqu'il peut avoir besoin de lui. Et ses petits, pourquoi les chasser hors du nid comme bouches inutiles ?

Il peut utiliser leurs jeunes forces, les dresser au travail. Il les gardera désormais à son foyer élargi. C'est à eux qu'il laissera sa hutte, ses outils, ses réserves au jour de la mort. Et voilà la famille constituée, et voilà *la propriété*, fruit du travail, se perpétuant par l'héritage.

Entre temps, la notion du rapport des choses et de leur valeur est venue à l'homme ; *cela bien avant la création de la monnaie*. En effet, après avoir appris à compter les objets en quantités, il a appris à les compter en valeur, distinguant, par exemple, qu'un cheval vaut vingt moutons, plus ou moins, selon la rareté de l'un ou de l'autre...

La vie patriarcale commence, réclamant un patriarche prévoyant, ordonné, sachant utiliser les forces de chacun, *sachant compter pour tous*, veiller aux consommations, aux réserves, en un mot sachant régler le budget de la collectivité familiale.

Désormais, grâce à la possibilité qu'il a d'échanger le produit épargné de son travail, l'homme va poursuivre sa longue évolution vers la société idéale, où chacun aurait *son compte*, qu'il rêve de fonder, sans jamais y parvenir, faute, jusqu'ici, d'assez d'équité et de science, — et surtout d'assez d'ordre dans sa science et *dans sa comptabilité*.

La famille patriarcale se divise, de nomade devient sédentaire ; les villages se forment, ils ont leurs chefs ; les plus entreprenants de ces chefs réunissent plusieurs villages sous leur loi ; des villes se fondent, de petits gouvernements se constituent, ces petits gouvernements se groupent en grands états. Mais quel que soit le temps, ou le lieu, aux époques de barbarie, ou en civilisation, la pratique de l'ordre comptable s'impose aux gouvernants dès qu'ils aspirent au progrès.

Devant toutes ces merveilles, que l'antiquité nous a transmises, pourrait-on croire un instant que la dépense n'en fut pas connue de ceux qui les ont créées ? devant tant de génie artistique et mathématique ayant servi à les édifier, peut-on raisonnablement supposer l'ignorance d'un art aussi simple, en somme, que celui de dresser des comptes ? Les Grecs et les Romains ont d'ailleurs laissé des écrits montrant qu'ils avaient une comptabilité publique et que leurs commerçants tenaient le journal de leurs opérations et les comptes de leurs transactions. Ces traditions d'ordre comptable leur venaient des Phéniciens, des Égyptiens, qui les avaient reçues eux-mêmes de l'Inde, d'où on les tenait des premiers hommes.

.·.

L'enseignement à tirer ici de ce qui précède, c'est que les civilisations ont tour à tour, *et fatalement*, vu leur déclin survenir par le désordre, qui les a invariablement conduites à *la dilapidation des produits du travail*, à l'élévation des impôts, aux expédients financiers et guerriers, à l'appauvrissement général. C'est ainsi que l'histoire humaine se répète et recommence sans cesse, identique dans les grandes lignes, variable seulement dans les particularités ; c'est ainsi, en un mot, *que le bonheur ou le malheur des individus et des peuples* sont la résultante de la pratique de l'ordre ou de celle du désordre. Il y a des comptes mal faits et du désordre comptable au fond de toutes les calamités de l'histoire des nations, et il n'y a souvent que cela. En d'autres termes, quand les gouvernants n'ont pas voulu ou n'ont pas pu rendre des comptes ils s'en sont tirés en suscitant une guerre, un coup de pouvoir, un bouleversement quelconque.

On a soutenu que les ruptures d'équilibre des sociétés sont inévitables et que le rêve d'une société meilleure ne sera jamais réalisé ? Une sociologie rationnelle doit s'inscrire en faux contre cette philosophie décevante, qui prétend que les civilisations périssent à la façon des vieux arbres, épuisés de vieillesse ; non, les civilisations ne périssent pas faute de sève, à la manière des végétaux, mais faute d'une culture ordonnée et rationnelle, faute d'une direction prévoyante et sage. *Voilà ce qu'il faut dire.*

Oui, l'Humanité est comparable à un vieil arbre, mais n'est-il pas visible que ses rameaux reverdissent sans cesse, que ses racines sont toujours vivaces et puissantes, que la moindre terre lui suffit, que la moindre culture le développe, conséquemment, qu'il faut simplement s'attacher à améliorer cette terre et cette culture. On ne voit, momentanément, dépérir l'Humanité, sous *les efforts du désordre,* que pour constater qu'elle refleurit plus loin, sous un régime et un ordre nouveaux, qui ont fait rentrer la vie dans ses membres et l'espoir en son cœur. Voilà, n'est-il pas vrai, Messieurs, une plus consolante philosophie ?

Mais les efforts du désordre sont sans cesse renaissants, et cela parce qu'ils n'ont jamais été combattus d'une manière rationnelle. Ce rêve d'une société meilleure, que tant d'hommes ont travaillé à réaliser, *ce rêve est réalisable,* et cela sans trouble, pacifiquement, *par la pratique de l'ordre* dans les rapports nombreux du travail et du capital. La formule de cette vérité, — qui explique les étapes de l'histoire, qui jette un jour si nouveau sur les faits de l'économie des individus et des nations elles-mêmes, — cette formule *est que l'insuffisance d'ordre comptable* mène inexorablement les particuliers à la misère, les entreprises à la ruine et les états à cette anarchie économique qui précède les cataclysmes sociaux. Ce ne sont pas ici exagérations d'une rhétorique spéciale, mais bien l'expression de faits que chacun peut expérimenter et observer autour de soi.

.·.

Ceci m'amène à la définition de la comptabilité, envisagée comme science précise et non plus comme l'art, qui a prédominé jusqu'ici, de faire des comptes incorrects et des bilans faux ; art où les uns trouvent plus que leur compte et où les autres, les spoliés, ne trouvent pas le leur.

Voici cette définition :

« La comptabilité est la science qui a pour objet l'organisation et la tenue rationnelles des comptes relatifs aux produits du travail et aux transformations du capital, c'est-à-dire des comptes de la production, de la distribution, de la consommation et de l'administration des richesses, privées et publiques. »

Cette définition tiendrait lieu d'un long discours sur l'utilité de la comptabilité. En effet si l'objet de cette science est d'établir les comptes relatifs aux produits du travail et aux transformations du capital, c'est-à-dire les comptes de la production, de l'échange, de la consommation et de l'administration des richesses, privées et publiques, on voit que rien ne lui échappe dans les travaux d'ici-bas, qui, tous, aboutissent à des comptes. Nous travaillons pour satisfaire à nos besoins et pour accroître notre avoir au moyen de l'épargne. Or, notre travail est d'autant plus productif, qu'il est mieux ordonné. S'il en est ainsi, — et il en est bien ainsi, — la comptabilité devrait être connue et pratiquée de tous. Puisque chacun a droit à *son compte*, puisque chacun voudrait *avoir son compte*, c'est une nécessité *pour chacun* et *pour tous* de savoir l'établir. — Pour tous, c'est-à-dire pour le prolétaire, tout aussi bien que pour le commerçant, l'industriel, l'agriculteur et l'Etat lui-même. — Or, que constatons-nous, si nous considérons tour à tour le marchand, le négociant, le fabricant, l'agriculteur, le capitaliste, l'employé, l'ouvrier et enfin l'Etat ? Soit l'absence de toute comptabilité, soit le désarroi comptable, inconscient ou voulu, soit le désordre sous des appa rences d'ordre, soit le désordre complet.

Nous en prenons à témoignage les experts, les syndics de faillites, les agréés, les juges des tribunaux de commerce, etc., c'est à peine si l'on trouverait un commerçant sur mille, assez attentif et ordonné pour savoir, *exactement*, ce qu'il gagne, nous ne dirons pas par jour, ni même par mois, mais par année, inventaire fait.

Tel est l'état actuel de la pratique comptable dans le commerce. Partout, ou presque partout, des livres mal agencés, mal contrôlés, sans cohésion ; des comptes mal classés, mal tenus ; des écritures et des balances en retard, des inventaires mal dressés, incomplets ; des bilans obscurs, inexacts. C'est ainsi, d'une manière générale, que le commerce d'échange se fait, au jour le jour et au juger, sans compter de près, parce que, paraît-il, cela prendrait trop de temps, ou coûterait trop cher, et qu'on ne veut pas augmenter les frais généraux de ce chef.

Le problème comptable devient autrement complexe dans le commerce de construction et de fabrication, où le facteur prix de revient (à placer en regard du prix de vente) veut être nettement et fréquemment déterminé. C'est ici que la science du comptable doit être très affinée, sous peine, pour le producteur, de vendre à des prix qui se rapprochent de ceux de revient, ou qui les atteignent, ou même qui leur sont inférieurs, alors qu'il se berce d'illusions contraires. Si les apparences d'ordre semblent plus marquées en industrie qu'en commerce, en réalité on s'y contente généralement d'approximations, c'est-à-dire des prix de revient arithmétiques, de l'ingénieur, du chef de fabrication, du chef d'atelier, etc., etc. Le devis remplace les comptes. — Comptabiliser de près (entendons-nous dire, là aussi) — coûterait trop cher.

En agriculture, c'est bien pis encore, puisque, sauf de très rares exceptions, l'on ne comptabilise pas du tout. Les agriculteurs ont, il est vrai, une bonne raison de ne pas comptabiliser : c'est que la loi ne les y oblige pas, ne les considérant pas comme commerçants. Cela, par parenthèse, n'est pas pour donner confiance aux tiers ni pour faciliter le développement du crédit agricole : Le crédit ne vivant que de confiance ne saurait aller à une industrie où l'on ne compte pas.

Il ne peut échapper qu'un tel état de choses n'est pas seulement cause de ruines particulières, mais d'affaiblissement général de notre commerce national. Un industriel, un commerçant, un agriculteur qui font culbute entraînent d'autres faillites dans leur chute. Il y a répercussion sur la société tout entière. Mais, ce qui est plus fâcheux encore, économiquement parlant, c'est l'action du producteur qui vend au-dessous de son prix de revient, convaincu qu'il gagne. Celui-ci non seulement marche à sa perte mais provoque

celle de ses rivaux,lesquels,pour conserver leur clientèle,sont amenés à baisser
leurs prix. L'amour-propre se mettant de la partie,chacun,en son for intérieur,
se dit qu'après tout il peut bien fabriquer à aussi bon compte que le voisin, n'é-
tant pas moins habile que lui : d'où un avilissement général et véritablement
insensé des prix. D'une semblable pratique industrielle et comptable résulte
forcément la gêne des entreprises, gêne que les expédients employés aggravent
et rendent plus aiguë : On restreint les dépenses de fabrication, on ne fait
plus les acquisitions nécessaires de machines nouvelles; on emploie des matières premières inférieures ; on rogne les émoluments des artistes qui créent
les modèles nouveaux, ou bien l'on prend des artistes d'un talent inférieur ;
on diminue les frais de voyage et de publicité, on réduit enfin tous les frais
généraux réductibles ; même les meilleurs employés voient leur traitement
s'amoindrir. C'est ainsi, du petit au grand, que la gêne grandit, et que la
société tout entière est atteinte, faute d'ordre comptable dans les industries de
production et d'échange.

*
* *

Envisageant, maintenant, la partie purement capitaliste de la société nous
constatons, là encore, l'absence de toute comptabilité méthodique. De fait, on
ne sait comment s'y prendre. On a appris bien des choses au collège, au
lycée, et beaucoup d'inutiles, quand il serait si utile de savoir comptabiliser
ses affaires et de s'en rendre compte ; d'autant que certains capitalistes pour-
suivent des opérations très diverses et même très complexes.

Mais, à côté des capitalistes,rentiers ou spéculateurs, nous devons envisager
les non-commerçants qui travaillent à produire le capital par l'exercice
d'une profession libérale quelconque. Nous voulons parler des magistrats, des
avocats, des médecins, des architectes, des prêtres, des publicistes, des ingé-
nieurs, des artistes, etc. Eh bien, croit-on qu'une pratique comptable ordonnée
ne serait pas aussi utile à ces travailleurs du cerveau qu'aux commerçants et
qu'aux travailleurs manuels ?

Reconnaissons-le, comme les commerçants et comme les rentiers, les professionnels des carrières libérales peuvent dire, pour leur défense, que dans
les écoles supérieures spéciales qui les ont instruits professionnellement : à l'É-
cole de droit, à l'École de médecine, à l'École centrale des arts et manufactures,
à l'École polytechnique, au Séminaire, à l'École des beaux-arts, à l'École des
mines, etc., etc., on n'enseigne pas la comptabilité.

C'est inconcevable, mais c'est ainsi. Nos éducateurs n'ont pas encore compris
le parti à tirer de la propagation de l'ordre comptable.

Parlons maintenant de l'ouvrier et de l'employé. Combien en est-il sur mille
qui tiennent même la plus minime comptabilité, eux, cependant, qui plus que
les riches, auraient besoin de faire strictement leurs comptes.

— Tenir une comptabilité, répond le prolétaire, à quoi bon ? Je n'ai rien. Je
consomme au jour le jour ce que je gagne ; le compte est bientôt fait.

C'est ici que la prévoyance intervient. Jules Simon a dit, fort justement, dans
son beau livre « Le Travail » : « Il y a possibilité d'épargner « toutes les fois
" qu'il y a écart entre la recette et le strict nécessaire. Le strict nécessaire est la
" somme qui représente en nourriture, vêtements et logement, tout ce qui est

« indispensable sous peine de mort ». — C'est en ne consommant que le strict nécessaire que le prolétaire peut épargner. — Mais, de même que l'économie se complète par l'épargne, de même l'épargne s'augmente par la conservation de l'épargne. Et ces trois agissements de la sagesse : la prévoyance, l'ordre et l'économie sont d'autant plus productifs qu'ils sont exercés avec méthode. Concluons que la comptabilité est la boussole de l'homme prévoyant, pauvre comme riche.

Nombre d'économistes prétendent que la prévoyance est une passion dépressive, du fait qu'elle modère nos besoins et qu'elle tempère des consommations qu'il faut, au contraire, étendre le plus possible. C'est un raisonnement d'économiste, non de moraliste. Il faut considérer les choses de plus haut : le but de l'homme est de réaliser le bonheur ici-bas. Or, le bonheur n'est pas dans l'excès des satisfactions de consommation, mais bien dans la tranquillité de la conscience et dans la quiétude de l'esprit touchant notre situation présente et à venir. Les jouissances tirées de l'excès des consommations ne parviennent pas à nous faire oublier nos maux ni nos inquiétudes, elles les entretiennent, elles les aggravent, au contraire. « Aide-toi le ciel t'aidera » est et restera, en dépit des sophistes de toutes les écoles, le plus vrai des aphorismes sociaux, la règle de conduite par excellence des individus et des sociétés : « Aide-toi », c'est-à-dire : travaille, économise, épargne, sois ordonné dans ce que tu fais : « Le Ciel t'aidera », c'est-à-dire : tu seras récompensé pour t'être efforcé d'imiter le créateur prévoyant, qui nous a donné l'exemple du travail ordonné en réglant cet univers d'une façon si parfaite.

Quoi qu'on prétende, c'est la prévoyance qui sort les pauvres de leur misère et renforce chaque jour les rangs de la classe aisée. Tandis que l'imprévoyance ramène les enfants de cette classe à la misère. La comptabilité (moyen d'action de la prévoyance) intervient donc nécessairement quand l'homme veut introduire l'ordre quelque part ; et cette science, tant dédaignée jusqu'ici des économistes et plus encore des socialistes, est précisément la science *indispensable* à la réalisation du bonheur des individus et des sociétés.

Ah ! le beau rôle que rempliraient nos éducateurs en initiant les jeunes garçons et les jeunes filles à ces vérités si simples. C'est à la solution même de la question sociale qu'ils travailleraient. En effet, cette solution ne peut résulter que de la pratique de l'ordre, dont l'expression concrète est la comptabilité ; tandis que la pratique du désordre, — nous nous efforçons de le démontrer, — conduit infailliblement à l'anarchie et aux conflits sociaux.

Arrivons à l'État :

*
* *

L'État, qui oblige les commerçants à faire un Inventaire et un Bilan annuels, ne fait cependant ni Inventaire, ni Bilan. Sa comptabilité se résume à écrire ses dépenses et ses recettes administratives, c'est-à-dire à tenir cette sorte *de livre de cuisinière* qu'on appelle le Budget, dont la Balance finale ne nous apprend rien, sinon que les recettes ont dépassé les prévisions, ou ne les ont pas atteintes, et que les dépenses votées ont été doctement ordonnancées, payées et contrôlées.

C'est tout. Où en est la fortune de la France ? S'accroît-elle, diminue-t-elle ? Que deviennent les divers éléments de l'actif social ? Sont-ils bien entretenus ? Certains d'entre eux n'ont-ils pas disparu ? On ne le dit pas.

Bien certainement on ne peut donner comme modèle d'organisation comptable celle d'un Etat, tout à la fois administrateur, manufacturier, agriculteur, éleveur, entrepreneur de transports, marchand, instituteur, assureur, etc., qui fabrique, cultive, élève, transporte, instruit, assure, vend et achète, sans pouvoir dire le prix de revient de ce qu'il fabrique, de ce qu'il vend, de ce qu'il élève, de ce qu'il construit, de ce qu'il transporte ; sans pouvoir justifier de son Actif et de son Passif au moyen de comptes analytiques et d'un Bilan d'ensemble, synthèse de la Fortune publique.

Chaque année les manufactures de l'Etat, ses arsenaux, ses chantiers, ses haras, ses écoles, ses musées, ses bibliothèques, etc., émargent au budget des ministères dont ils ressortissent. Les recettes et les dépenses des ministères et de leurs comptables sont minutieusement contrôlées par la Cour des Comptes, qui rend ses jugements à la suite d'examens scrupuleux. Voilà ce qu'on voit. Ce que l'on ne voit pas, c'est ce que deviennent les choses qui ont occasionné les dépenses.

Un exemple, sur cent autres que nous pourrions citer : On achète chaque année de grosses quantités de tonnes d'acier pour fabriquer des canons ou pour blinder des cuirassés, etc. On paie cet acier à la Guerre ou à la Marine. C'est une simple transformation de numéraire en matières premières de fabrication, lesquelles seront productives de canons, de cuirassés, etc. Eh bien, si l'Etat produisait une comptabilité d'ensemble de son administration générale, composée de la comptabilité budgétaire, et de celles de ses diverses entreprises industrielles, agricoles, commerciales, etc., on retrouverait quelque part, dans un Chapitre quelconque, les matières achetées, entrées en magasin, utilisables. Et l'on pourrait apprendre alors à quoi sont employés les approvisionnements ; et l'on serait en possession de renseignements et de moyens de contrôle que nos députés n'ont pas actuellement pour remplir utilement leur mandat.

Constatons donc que l'Etat, moins encore que l'industrie privée, est en mesure de donner le prix de revient *réel* des cuirassés qu'il construit, des canons qu'il fond, des fusils ou des cartouches qu'il fabrique, des voies ferrées qu'il établit, des palais qu'il élève ; et qu'il ne sait pas davantage préciser le coût *réel* d'une boîte de cigares, d'un kilogramme de tabac, d'un vase de Sèvres, d'un étalon de ses haras, ou d'une boîte d'allumettes, — de ces mauvaises allumettes qui ne prennent pas et qu'il faut payer comme bonnes.

Qui chiffrera les centaines de millions, ou plutôt les milliards, enfouis dans ce manque d'ordre ou dans ce désordre, d'autant plus inattaqués, jusqu'ici, que l'attention du public n'a pas coutume de se porter sur les choses comptables ?

En résumé, tout ce qui précède montre que ce n'est pas seulement des commerçants qu'il faut obtenir un grand effort d'ordre comptable, mais que cet effort s'impose aujourd'hui aux travailleurs en général, riches comme pauvres, c'est-à-dire aux prolétaires des villes et des campagnes, aux employés, aux agriculteurs, aux commerçants et à l'Etat lui-même, qui doit l'exemple et qui a le pressant devoir d'entrer définitivement et résolument dans la voie de l'ordre et des économies, ne pouvant continuer à gaspiller comme il le fait et à nous écraser d'impôts pour payer ses dépenses désordonnées.

* *

J'aurais encore bien des choses à dire sur cette question de *l'utilité* de la comptabilité. Je dois abréger, je crains de fatiguer votre attention. J'espère cependant avoir réussi à démontrer que, si la comptabilité a été nécessaire à l'homme dès les temps primitifs, il est plus évident encore que sa pratique, perfectionnée et généralisee, lui est indispensable aujourd'hui pour évoluer, de progrès en progrès, vers cet avenir meilleur, vers cet Eden social qu'il rêve d'atteindre depuis tant de siècles et qu'il ne connaîtra qu'en devenant plus prévoyant et plus ordonné en toutes directions.

Au contraire, — à défaut de cette prévoyance et d'une pratique comptable suffisante, — les causes de conflits individuels et collectifs demeureront comme autant de ferments de discorde entre les hommes. Nous l'avons constaté plus haut, dès l'aurore des sociétés, le désir de chacun est déjà *d'avoir son compte* et de n'être pas lésé. Ce désir devient plus impérieux à mesure que l'homme raisonne davantage et à mesure qu'il éprouve plus fortement l'amour du droit et de la justice. Si bien qu'au fond de toutes ses revendications d'aujourd'hui, nous trouvons celle, — légitime entre toutes, — d'un ordre social fait de droiture et d'équité auquel nous ne saurions atteindre sans comptes justes.

C'est à nos gouvernants surtout que la pratique de l'ordre s'impose comme un devoir sacré. Dilapider les capitaux publics est un crime qui justifie toutes les colères des travailleurs. Aussi s'étonne-t-on de ne pas voir les leaders du socialisme réclamer la pratique et la propagation de l'ordre comptable.

Une société bien organisée ne serait-elle pas celle où l'ordre régnerait : dans la famille d'abord, puis dans les entreprises, puis dans la commune, puis dans le département et enfin dans l'administration de l'Etat. C'est donc vers cet idéal qu'il faut tendre pour obtenir la paix entre les hommes, et ce bonheur social qui dépend absolument de la propagation et de la perfection de la pratique de l'ordre chez les individus et entre les individus.

Or, c'est à peine si, de nos jours, l'ordre comptable s'applique à dire exactement aux commerçants ce qu'ils doivent et ce qu'on leur doit, et aux peuples ce que leurs gouvernements reçoivent d'eux et dépensent pour les gouverner. Si bien que les commerçants, pas plus que l'Etat, — qui les contraint à faire un bilan annuel, alors qu'il n'en fait pas lui-même, — si bien, disons-nous. que les commerçants, pas plus que l'Etat, ne connaissent jamais au juste leur situation économique.

On s'étonne que les économistes, qui ont toujours eu l'oreille du Pouvoir. n'aient rien fait pour qu'il en fût autrement ? alors qu'il leur appartenait de prendre, les premiers, la cause de la comptabilité en mains, de l'élever au rang de science, d'en répandre, — par l'obligation et par l'enseignement, — la pratique dans le commerce et chez les individus en général. Car enfin, c'est bien faute de science comptable que le siècle des grandes inventions scientifiques a traité. en se servant des procédés routiniers d'autrefois, les grandes affaires d'industrie et de commerce qu'il a créées, mal préparé à les conduire. Il eût fallu que nos économistes de la fin du 18e siècle fissent pour les comptes ce que les conventionnels firent pour les Poids, Monnaies et Mesures. Le législateur de

1807 aurait ensuite pu décréter une loi de comptabilité qui eût préservé le pays de l'effroyable gâchis comptable qu'il endure,— gâchis qui a certainement englouti plus de milliards qu'il n'en faudrait pour régler la question sociale en créant des invalides civils. Notre exemple se serait répercuté au dehors, dans les législations étrangères ; et la pratique de l'ordre aurait conquis une avance considérable, dont l'Humanité profiterait déjà, en richesse et en tranquillité.

Je m'étonne que des penseurs comme Turgot, Adam Smith, J.-B. Say, Stuart Mill, et, plus tard, Bastiat, Comte, Herbert Spencer, Karl Marx, Leroy Beaulieu, Yves Guyot, Molinari etc., n'aient pas compris qu'il fallait, avant toutes choses, s'efforcer de purifier les sources, en vue d'obtenir des statistiques exactes et des comptes justes, éléments premiers de leur science ?

« C'est à l'aide des statistiques, dit M. Yves Guyot (1) que l'économie politique peut se procurer la plupart des éléments de ses travaux. » Puis, il constate, par le menu, que les statistiques sont rarement dignes de foi, pour toutes sortes de raisons qu'il énumère en homme clairvoyant, omettant cependant de citer la plus regrettable de toutes : une pratique comptable suffisamment rationnelle et répandue pour qu'on puisse en tirer les éléments indispensables aux travaux de la science économique.

Si les questions de libre-échange, ou de protection, ou de répartition équitable de l'impôt, pour ne citer que celles-là , sont encore si peu élucidées, n'est-ce pas surtout parce que les bases statistiques sont tout à la fois insuffisantes et fausses ? Si les enquêtes économiques officielles touchant l'industrie du pays aboutissent, invariablement, à des résultats contradictoires sur tant de points, n'est-ce pas également par manque de précision comptable et statistique ?

L'impôt frappe le capital, le revenu, le travail, de toutes les façons ; il atteint la production, l'échange, la consommation, la circulation et l'administration sous toutes les formes, on lui fait rendre 4 milliards par an. L'Etat soutire ainsi à la nation le plus clair des revenus de son travail industriel, artistique, financier, agricole et commercial, travail auquel il fait lui-même concurrence par ses différents monopoles. Les dépenses publiques augmentant sans cesse, — grâce à la gestion antiéconomique du pays, — il lui faut constamment augmenter les recettes, majorer les impôts anciens, en créer de nouveaux. Cependant, pour qui considère la fin des choses, il y a une limite *terminus* à ce système accablant et odieux, qui fait songer à la fable de la poule aux œufs d'or.

Messieurs, je crois avoir suffisamment démontré *l'utilité*, pour ne pas dire *l'indispensabilité* de la comptabilité, science que les économistes auraient dû placer d'eux-mêmes à la base de l'économie sociale.

La comptabilité, c'est le phare illuminant l'obscurité économique, c'est le critérium de lumière, — pour qui veut y voir clair, — et c'est la boussole directrice dans le dédale des faits de la production, de l'échange, de la consommation et de l'administration des capitaux privés et publics. A la comptabilité de préserver la civilisation des cataclysmes qui la guettent et de conduire l'Humanité au but d'harmonie qu'elle poursuit.

(1) Voir son remarquable ouvrage, *La Science Economique*, pages 33 et suivantes.

De la mission du comptable.

Je vais maintenant vous parler de la mission du comptable, telle que je l'envisage.

La mission du comptable, mesdames et messieurs, peut être définie en deux mots, après ce qui vient d'être dit : Elle est d'introduire l'ordre dans les comptes des conjonctions du capital et du travail.

Produire de l'ordre, tel est le fait du travail comptable. Or, produire de l'ordre c'est produire de l'économie ; produire de l'économie c'est produire du capital ; enfin produire du capital c'est produire l'aliment même du travail.

En civilisation avancée comme la nôtre, la roue économique a ainsi pour moteurs non plus seulement le capital et le travail, mais l'ordre comptable, à défaut de quoi le travail n'est plus suffisamment producteur de profit, c'est-à-dire de capital nouveau. Voilà, messieurs, qui doit vous donner quelque fierté de votre profession, et qui peut porter nombre de commerçants à réfléchir.

En général, les comptables se plaignent amèrement de leur sort. Il est certain, cependant, que ceux qui se font remarquer par leurs habitudes d'ordre et par leur savoir professionnel arrivent à des situations très sortables. Nombre de chefs comptables ont des émoluments égaux à ceux de la haute magistrature et des grands dignitaires de l'armée, de la marine ou du clergé,etc., c'est-à-dire variant de huit à douze, à quinze, à vingt mille francs et plus ; et l'on peut dire que les emplois de quatre à huit mille francs sont très nombreux dans le commerce, dans l'industrie et dans la banque. Ils ont même une tendance marquée à s'accroître, du fait de la propagation des idées comptables nouvelles ; car les commerçants qui reconnaissent l'utilité d'une comptabilité de précision savent y mettre le prix.

Donc, reconnaissons-le, une profession qui peut conduire à de telles situations n'est pas du tout à dédaigner. Il est vrai que dans le petit et dans le moyen commerces, et même dans le commerce de gros, dans les usines, dans les maisons de banque, les employés se voient préférer des femmes, ou discuter de maigres appointements, à peine suffisants pour vivre. Mais, n'en est-il pas de même dans tous les emplois faciles à remplir.

Nous ne saurions trop le répéter aux teneurs de livres et aux comptables de bonne volonté : — Instruisez-vous professionnellement, lisez, observez, étudiez. Formez-vous, chacun, une bibliothèque de bons ouvrages. Enfin, rapprochez-vous, groupez-vous, inspirez-vous davantage de l'esprit de solidarité.

Maintenant, par exemple, que grâce à l'initiative intelligente de votre Président, M. Gellynck, vous avez une Chambre syndicale, venez à elle, elle vous ouvre les bras. Vous êtes trop épars, trop divisés, vous ne vous sentez pas assez les coudes, messieurs les comptables.

On a augmenté le nombre des Ecoles supérieures de commerce.

Ces écoles, — récemment admises au patronage de l'Etat, — forment de nouvelles générations de commerçants et d'industriels fort instruites, appelées à étendre notre commerce extérieur (1).

Eh bien, ces couches nouvelles de commerçants instruits, n'appellent-elles pas des couches nouvelles de teneurs de livres et de comptables, libérées des routines séculaires ? Comment ! les comptabilités méthodiquement ordonnées sont l'exception au lieu d'être la règle. Comment ! sur 1,000 faillis, tous ou presque tous, ont des livres en désordre, des comptes irrégulièrement tenus, et il y a *des teneurs de livres* pour faire une telle besogne de désordre ?

Encore quelques années et les commerçants instruits ne voudront plus de tels auxiliaires.

Cela veut dire, oh ! mes chers confrères, que l'heure de la Comptabilité rationnelle est venue.

Croyez-en votre ami, votre meilleur ami peut-être, celui qui, depuis plus de trente ans, lutte pour le triomphe de votre belle profession.

Notre corporation va se transformer par la force même des choses : la concurrence obligeant chaque jour davantage le commerçant et l'industriel à compter de près, sous peine de faillite finale.

J'ai fait naguère, dans mon livre l'*Enseignement commercial et les Ecoles de commerce*, un plaidoyer en faveur d'une création de brevets officiels de Teneur de livres (1er degré), de Comptable (2e degré) et d'Expert comptable (3e degré, ou degré supérieur), brevets qui seraient délivrés par le Ministre du Commerce, après examen *ad hoc*.

Cette proposition était prématurée en 1886 : aujourd'hui elle s'impose.

La création des brevets officiels sauvera la corporation des comptables de son discrédit actuel : 1° en constituant une hiérarchie du savoir comptable ; 2° en attirant l'attention des commerçants vers les sujets capables.

Aujourd'hui, tout teneur de livres se dit comptable et, à part les modestes, tout comptable se prétend expert. On le croit sur parole. C'est d'ailleurs la seule manière de prendre le grade. Car enfin, même les experts comptables près les Tribunaux ne passent pas d'examen.

De toute évidence, il est temps d'introduire un commencement d'ordre dans un tel désordre hiérarchique, qui s'oppose à ce que notre corporation obtienne la considération à laquelle elle doit aspirer. Que penserait-on, en effet, d'une armée dont les chefs se nommeraient eux-mêmes ? Les comptables sont une armée. Rien qu'à Paris, on en compte environ cent mille. C'est l'armée de l'ordre. Elle a ses soldats : les teneurs de livres ; ses sous-officiers ; les comptables ; ses officiers : les experts. Ou plutôt, elle contient tout cela dans ses rangs, actuellement désordonnés, où chacun se donne du galon, pour faire croire à ses mérites et attraper quelque bonne place.

Conclusion : l'armée de l'ordre fait le désordre.

Donnez le rang au savoir et tout change. Il faut un brevet au simple soldat, deux au sous-officier, trois à l'officier.

Donc, nécessité, tout d'abord, de songer à organiser une haute Chambre des comptables, quelque chose dans le genre de la Chambre des notaires. Ce serait comme une chambre de discipline et d'avant-garde. On pourrait la composer

(1). Voir l'histoire de l'enseignement commercial dans mon livre l'*Enseignement commercial et les Ecoles de commerce, en France et dans le monde entier.*

d'une centaine de membres, pris dans les notabilités de la profession. Par exemple, parmi les chefs de comptabilité des grandes affaires ; parmi les syndics de faillites, les experts-comptables près les tribunaux et les agréés ; parmi les inspecteurs de l'enseignement technique, les professeurs de droit commercial, les avocats d'affaires, les professeurs des écoles supérieurs de commerce.

Les examens pour l'obtention des brevets et diplômes, seraient passés devant une Commission de la Chambre des comptables ; un inspecteur de l'enseignement commercial, y représenterait le Ministère du commerce et aurait voix délibérative.

On serait admis à concourir pour le brevet de teneur de livres dès l'âge de 18 ans, en justifiant de deux années de pratique. Les candidats au brevet de comptable devraient justifier du brevet de teneur de livres et d'au moins cinq années de pratique. Enfin, les candidats au brevet d'expert comptable auraient à justifier de dix années de pratique et seraient interrogés successivement sur les divers programmes de comptabilité, commerciale, financière, industrielle, agricole et de liquidations. Ils auraient à produire le brevet de comptable, et celui de licencié en droit. Le brevet d'expert comptable, donnerait le droit de faire partie de la Chambre des Comptables.

Mais les comptables sont autrement nombreux que les notaires. La Chambre haute aurait en outre pour mission d'organiser des Chambres comptables régionales, par province ou, préférablement par département. Celles-ci seraient composées des notabilités comptables de la région. Elles s'occuperaient des intérêts professionnels et propageraient autour d'elles les bons principes d'ordre, tant dans leur application que dans leur enseignement. Elles rendraient ainsi de grands services à la corporation, au commerce et au pays. Les candidats aux examens pour l'obtention des diplômes trouveraient à la bibliothèque de ces Chambres les livres et documents dont ils auraient besoin. En outre, les Chambres départementales auraient pour mission de réunir les éléments de statistique comptable et économique de leur région, dont elles feraient annuellement communication à la Chambre haute, qui les centraliserait dans un Rapport d'ensemble, lequel serait publié dans une *Revue comptable* périodique. Cette revue, — dont le tirage serait certainement considérable, en raison de l'importance et de la valeur des matières qu'elle publierait, — serait la Revue sociologique par excellence, si l'on réfléchit aux rapports étroits qui existent entre la Comptabilité, le Travail et le Capital.

Je n'exagère rien, messieurs, en disant qu'il appartiendra un jour aux comptables, en pleine possession de leur science, bien hiérarchisés, constitués en Chambres professionnelles régionales reconnues par l'État et composées des meilleurs experts, d'apporter les matériaux nécessaires tant aux statistiques économiques qu'à la détermination des rapports du travail et du capital et qu'à la solution des questions sociales qui agitent le monde, — questions demeurées jusqu'ici du domaine des théoriciens de l'économisme et du socialisme, discutant des concepts qui ne reposent pas et qui devraient reposer sur des comptes justes et des statistiques bien établies.

En résumé, l'objet de ces Chambres régionales de comptables serait :

1º De veiller aux intérêts moraux et matériels de la corporation ;

2º De propager les applications de la science comptable dans toutes les directions ;

3º D'arbitrer les litiges commerciaux reposant sur des faits de comptabilité ;

4º De fournir des Commissaires des comptes expérimentés aux actionnaires des Sociétés anonymes.

5º De recueillir et de publier toutes statistiques résultant de comptabilisations exactes.

Au point de vue élevé où je me place, je n'aperçois de transformation profitable pour notre corporation et pour les intérêts économiques en général, que dans la hiérarchisation dont je viens de tracer les grandes lignes.

Et que l'on ne croie pas que c'est renvoyer les choses aux calendes grecques, comme l'on dit. Point. L'idée de la création de ces diplômes, brevets ou certificats, — peu importe le mot, — est dans l'air. On s'en est déjà occupé en haut lieu, je le sais. Le certificat d'aptitude à l'enseignement de la comptabilité a été créé, grâce à l'initiative de MM. Buisson et Martel. J'ai participé de tous mes efforts à cette création. J'espère bien ne pas passer de vie à trépas sans voir instituer les autres brevets. C'est affaire aux hommes d'avant-garde d'y aider. Et pourquoi votre Chambre syndicale ne mettrait-elle pas cette question à l'étude, en commençant par appeler à elle les sommités comptables de la corporation ? Elle serait dans son rôle de Chambre syndicale. Elle rendrait un signalé service au pays.

Je le répète, en terminant : Nous sommes l'armée de l'ordre économique, puisque nous avons mission de faire l'ordre dans tous les faits humains aboutissant à des comptes. Eh bien, montrons d'abord qu'il y a de l'ordre dans nos rangs, et montrons aussi que, dans notre armée, chacun peut justifier de son savoir.

Du jour où notre corporation se présentera sous cet aspect aux yeux du pays, elle sera grande et forte, car elle sera utile entre toutes.

*
* *

Un dernier mot, messieurs.

Il s'adresse aux Commerçants :

Les commerçants ont le droit de demander à leurs comptables et teneurs de livres tout ce que ceux-ci peuvent donner de travail d'ordre et de contrôles. Mais, pour obtenir les auxiliaires instruits dont ils ont besoin, il faut qu'ils aident les comptables à se constituer en corporation *bien hiérarchisée*, il faut qu'ils s'intéressent à l'enseignement commercial et comptable, soit par des subventions pour des bibliothèques à munir d'ouvrages professionnels, soit par des dotations de cours, ou par des créations d'écoles, comme l'ont fait les frères Jules et Jacques Siegfried, qui ont trouvé, jusqu'ici, si peu d'imitateurs en France, alors qu'en Amérique les bienfaiteurs des Ecoles de commerce sont si nombreux et si généreux.

En 1866, les frères Jules et Jacques Siegfried fondaient à Mulhouse la première école de commerce qui fut créée en province :

Ils donnaient généreusement 100.000 francs pour cette création !

Cent mille francs au service d'une idée ! Ah ! si la France avait compté beaucoup de négociants capables d'un semblable sacrifice, elle serait évidemment
restée au premier rang commercial ! Mais il est toujours temps de suivre les
bons exemples : messieurs les commerçants, pensez à celui que vous ont donné
naguère les frères Siegfried. Car la nouvelle loi militaire va porter un coup
terrible à l'enseignement commercial supérieur et il ne faudrait pourtant pas
que cet enseignement périclitât.

Le commerce moderne exige des commerçants techniquement instruits, se-
condés par un personnel d'acheteurs, de vendeurs et de comptables instruits
de même. C'est comme une question de vie ou de mort dans la lutte que nous
poursuivons. Comprenons bien que, si nous sommes descendus au second rang
commercial, avec la situation géographique que nous occupons et avec nos
facultés natives de négoce, c'est pour avoir donné le pas et la faveur aux études
classiques, pourvoyeuses des carrières qui consomment la richesse, alors qu'il
fallait mettre au moins sur le même pied les études techniques, pourvoyeuses
des carrières qui la créent.

Le remède, — nous l'avons dit sur tous les tons, — est dans la création d'une
Université des carrières techniques, qui saurait relever l'enseignement commercial des dédains universitaires et lui donner tout le relief qu'il doit avoir
à notre époque. Du moins ne laissons pas amoindrir les Ecoles existantes,
augmentons-en le nombre, au contraire, et perfectionnons sans cesse leur enseignement. Il ne faut pas tout attendre de l'Etat. Les commerçants généreux,
les Chambres de commerce et les Conseils municipaux peuvent beaucoup.

PROPAGANDE

*Ceux de nos lecteurs, de nos disciples et de nos amis qui voudraient contribuer à la
propagation du progrès comptable, en répandant cette brochure dans leurs relations,
pourront prendre ou faire prendre à la* **Librairie Comptable** *le nombre d'exemplaires qu'ils désireront. Ils leur seront cédés au prix de revient de* **15** *centimes l'un,
à partir de 10 exemplaires. Même prix à domicile, plus le postal de 25 centimes pour
Paris, de 85 centimes pour la province.*

Les donateurs peuvent s'éviter ce port en priant la **Librairie-Comptable** *de faire
directement et de leur part l'envoi aux donataires, sur listes, qu'ils joindront à leur
commande. — Dans ce cas ajouter au prix d'achat des brochures 5 centimes pour
l'envoi par la poste. (Règlement par mandat-poste ou timbres-poste)*

Vannes. — Imp. LAFOLYE Frères.